BIBLIOTHÈQUE GALANTE

Notes secrètes

sur l'abbaïe

DE LONGCHAMP

En 1768

BIBLIOTHÈQUE GALANTE

Notes secrètes

sur l'abbaïe

DE LONGCHAMP

En 1768

Tiré à 500 exemplaires

1 fr.

PARIS — IMP. ÉMILE VOITELAIN ET Cie
61, rue J.-J. Rousseau

Juin 1870

Notes secrètes

sur l'abbaïe

DE LONGCHAMP

En 1768

A LA LIBRAIRIE
FRÉDÉRIC HENRY
au Palais-Royal
12, GALERIE D'ORLÉANS

Au dix-huitième siècle l'abbaye de femmes de Longchamp était, tout à la fois, un couvent cloîtré de l'Ordre de Saint-François, une maison de retraite à prix fixe ouverte aux vieilles repenties comme aux jeunes pécheresses, enfin un pensionnat discret pour les témoignages vivants d'unions passagères ou coupables.

Les Notes secrètes, *dont le manuscrit est en notre possession, révèlent de curieux détails sur les mœurs des pensionnaires de cette maison dont il reste à peine aujourd'hui un lointain souvenir.*

Déjà, sous le règne de Louis XV, les concerts spirituels de la Semaine Sainte commençaient à perdre leur caractère de fête religieuse et n'étaient plus guère, pour le monde élégant, qu'un prétexte de promenade en riche toilette à l'inauguration du printemps. Précisément en l'année 1768, la Guimard et les belles impures d'alors donnèrent au pèlerinage du bois de Boulogne un éclat inaccoutumé. Aussi, dès les premiers jours du Carême, l'abbaye de Longchamp devint-elle à la Cour le sujet de toutes les conversations, la grande préoccupation du moment, et, pour satisfaire la curiosité de quelque grand personnage, le lieutenant-général de police dut se faire renseigner. Voici le rapport que lui adressa l'agent chargé de sonder les mystères du cloître.

Du 18 février 1768.

Mah.... (1).

ABBAÏE DE LONGCHAMP,

Pension 400 *liv.*

Appartement depuis 60 *liv. jusqu'à* 200 *liv.*

DAMES PENSIONNAIRES.

Mme TALBOT, Irlandoise, cinquante-cinq ans, cousine de

---

(1) *Ainsi sur le manuscrit. C'est probablement l'abrégé du nom de l'homme de police qui a écrit ces notes.*

M. Dillon, archevêque de Narbonne. Mlle de Tirconel, sa nièce, a épousé M. le marquis de Ventimille. Cette demoiselle est d'un caractère charmant et d'une humeur enjouée. Sa société est des plus agréables, et sans tirer à l'esprit, ses conversations en pétillent et annoncent des connoissances. Elle a été d'une jolie figure et a toujours vécu dans le grand monde. Elle passe maintenant ses jours dans la retraite pour raccommoder ses affaires qu'elle a dérangées.

Mlle VIOU, fille de condition de basse Normandie, quatre-vingts ans, pensionnaire depuis trente-cinq ans. C'est une fille qui a toujours aimé le plaisir et les divertissements. Quoiqu'elle soit accablée d'années, toute la jeunesse de l'abbaïe, guimpée ou non guimpée, forme chez elle une cour ; cette vieille fille a le caractère si gaillard, qu'elle met toute la jeunesse du couvent en gaieté et en belle humeur. On l'appelle le boute-en-train de Longchamp.

Mme DAUBERQUE, femme de condition du Nivernois, soixante ans, a été fort longtemps maîtresse de M. de Rochegurde, officier aux gardes. C'est une femme fort triste, mais très-charitable.

Mme DE BUSSI-ANRION, la mère, cinquante-cinq ans, de Bourgogne ; feu son mari était gouverneur des Pages de l'Écurie ; a été élevée à Longchamp. C'est une femme charmante et aimable dans la société ; elle a demeuré fort

.ongtems à la Cour. Après la mort de son mari, elle s'était retirée dans ses terres, en Bourgogne, pour y élever son fils unique, qu'elle regardait comme sa consolation dans sa vieillesse. Elle lui a fait épouser, il y a quatre ans, Mlle Dauberque; mais le caractère de son fils est devenu si brutal et si farouche, que la mère et la bru ont dû sortir du château et abandonner, l'une son fils et l'autre son mari, pour venir chercher un asile tranquille à Longchamp.

Mme de Bussi-Anrion, la bru, Dauberque en son nom, trente-six ans, n'est pas pourvue d'une jolie figure.

Mlle DE KUVILLE, Angloise, nouvelle convertie, soixante ans; elle se dit noble; sans fortune. M. Rousseau et Mme l'abbesse de

Panthemont ont soin de païer sa pension et de l'entretenir.

Mlle DE LA CROPTE DE BOURSAC, vingt-quatre ans, nièce de feu l'évêque de Noïon. Madame sa mère lui cherche partout un mari, sans pouvoir en trouver. Elle n'est ni riche ni jolie; de plus elle a de certaines crises de convulsions que l'on soupçonne être le haut-mal. Mme de Boursac mère, depuis la mort de M. de Noïon, ne paroit subsister que des aumônes qu'elle attrape à la Cour. Il paroit qu'elle fait un mystère du séjour de sa fille, car personne ne la vient voir. Elle a dans ce couvent une femme de chambre appelée *Chenneval*, âgée de vingt-deux ans, qui est une des plus jolies créatures qu'on puisse voir; elle a des cheveux blonds.

M¹¹ᵉ DE GRANGENEUVE, trente-quatre ans, de Saint-Étienne-en-Forest, fille d'un commissaire des poudres et salpêtres, pauvre. Elle ne peut depuis longtems païer sa pension; elle doit à l'abbaïe 2,000 liv.; elle ne subsiste maintenant que par les libéralités de M™ᵉ de Bussi-Anrion. C'est une fille d'un très-bon caractère, jolie, grande et bien faite; cheveux bruns.

M¹¹ᵉ LE CHAT DE LA CHEVALERIE, dix-huit ans, créole, fort riche. La terre de la Chevalerie est située au-dessus du Mans. Cette demoiselle est d'une petite stature, mais faite au tour, beau port, air noble, remplie de grâces, belle peau; son minois est si jolie qu'on pourroit le prendre pour un modèle de miniature. Elle danse et chante très-bien, joue du violon comme Baptiste (1). Elle avoit au couvent sa sœur aînée, qui vient de se marier; elle l'a brouillée avec Monsieur son père, qui a donné des ordres pour la tenir très-serrée. Il paroit que sa sœur a révélé une intrigue que cette jeune demoiselle avoit avec M. le vicomte de Rochechouart qui lui avait fait la cour pendant plus d'un an ; elle avoit alors beaucoup plus de liberté qu'elle en a. Son père lui tient rigueur et lui refuse tous les agréments.

Cependant M. Deslandes, mousquetaire, son parent, et un abbé de leurs amis, lui fournissent tous

---

(1) *Il s'agit évidemment de Joseph-François Anselme, dit Baptiste, violoniste distingué, et père du célèbre acteur français, Baptiste, aîné.*

les secours possibles, robes, parures de goût et de fantaisie, de la volaille et du gibier de toute espèce. Il paroît cependant qu'elle manque d'argent, car le nommé Audoir, aubergiste de la porte de Longchamp, lui prête de l'argent à usure.

Cette jeune personne, depuis qu'elle éprouve tant de chagrins, est attaquée de vapeurs hystériques : pour en diminuer les accès, elle prend des bains de lait et couche toutes les nuits avec la demoiselle Aber, qui prend soin de la réveiller quand elle s'aperçoit qu'elle fait des rêves affligeants.

Mlle ABER, vingt-deux ans, fille d'un procureur au Parlement. C'est une très-petite personne, laide, peu d'esprit, mais beaucoup de tempérament; elle s'ennuie à périr au couvent. Elle a deux sœurs, l'une mariée à un procureur, l'autre est aux Ursulines de Lagny. Leur mère, qui est une femme de la joie, s'est débarrassée de ses filles pour ne point avoir d'Argus, et vivre gaiement sans témoins.

Mlle LIEGE, dix-neuf ans, fille de défunt Liege, apothicaire près Saint-Roch, a deux frères; l'aîné succède à son père; le cadet, qui jouit de mil écus de rente, est un joli petit maître de Paris. Cette demoiselle est grande, jolie, faite au tour, belle peau, blanche comme la neige, cheveux noirs, beaux yeux, un peu à la Montmorency; sa figure ronde est animée du plus beau coloris, ses dents jouent le plus bel ivoire; sa dot est de 90,000 livres. Elle aime la dépense et satisfait ses fantaisies.

Pendant dix-huit mois elle a eu pour amant un élève de l'Académie de peinture nommé Descan, fils du professeur de dessin de l'Académie de Rouen. Cette demoiselle Liege, amie intime de Mlle de La Chevalerie, a fait faire connoissance à son frère cadet et à Descan, son amant, avec M. Deslandes, mousquetaire, et l'abbé, leur ami commun. Cette troupe joïeuse a rassemblé les plaisirs à Longchamp.

1° Le peintre s'est présenté et s'est offert pour faire des portraits : on l'a fait entrer régulièrement pendant dix-huit mois dans le couvent pour y peindre tous les jolis minois encloîtrées, et il n'en sortoit qu'à dix heures du soir. Son atelier étoit ouvert chez la demoiselle Liege. La pratique ne lui manquoit pas, car il travailloit gratis. Séculières et religieuses, les plus jeunes et les plus jolies ont exercé ses talents.

2° Pour varier les plaisirs, ces messieurs s'assembloient assez souvent dans le grand parloir et y jouoient des comédies au grand contentement des jeunes religieuses et des pensionnaires. Je ne sçai par quel hasard, la demoiselle Liege s'est aperçue que Descan étoit un infidèle ; elle l'a congédié et lui a conseillé d'aller faire le mélange de ses couleurs dans d'autres lieux.

Mlle CHEVALIER, quatorze ans, de Paris, jolie, grande et bien faite, d'un blond hardi, jolie bouche, belle voix, d'un esprit vif et pénétrant, est la fille d'un commis des bureaux de l'extraordinaire des guerres. Son père est ami de M. de Chennevière; elle est au couvent pour faire sa première communion.

Mlle DE BEAULIEU, ce n'est pas son vrai nom, dix-sept ans; on la croit fille naturelle de M. Daugers, fermier-général, et on dit que sa mère est une religieuse de province. Elle est petite, mais bien formée, d'une figure élégante, beaux cheveux bruns, des yeux pleins de feu; belles dents et belle peau. Elle a de l'esprit comme un lutin. On lui trouve un défaut, c'est d'avoir le pied grand.

Le sieur Maugis, receveur à la barrière Saint-Jacques, paie sa pension et a soin de son entretien. Il dit qu'elle est sa filleule. Cette demoiselle n'a point d'intrigue, mais elle s'ennuie bien au couvent.

On voudroit bien qu'elle se fît religieuse, mais elle n'entend pas du tout cette antienne.

Mlles GIRARD, trois sœurs, filles d'un marchand de bois de Paris, cinq, sept, neuf ans.

Mlle DAUGON, cinq ans, nièce de Printems (1).

---

(1) *Il s'agit bien certainement du médecin Printems qui vivait encore en 1778, et dont il est question dans les* Mémoires secrets.

« 18 décembre 1778. — *En attendant que la Reine accouche, on s'entretient de son accoucheur Vermont, qu'on est toujours fâché de voir chargé de cet emploi,*

« *On assure que S. M., pour s'a-*

M⁰⁰ LANGLOIS, fille de condition, soixante ans, demeure depuis vingt ans à Longchamp.

M⁰⁰ JULAT, quarante ans, a été jadis gouvernante d'enfants de condition. C'est une fille d'un très-grand mérite et très-sensée. Elle

muser, a envoyé chez un charlatan nommé Printems, qui par les urines prétend connoître si une femme grosse aura un garçon ou une fille. On lui a caché qui étoit la personne qui le consultoit. Après son examen, il a répondu que ce seroit un mâle; alors on lui a déclaré qu'il auroit le Cordon Noir s'il avoit pronostiqué juste. Ce Printems est un soldat qui, d'abord, l'oracle du peuple, est devenu insensiblement un docteur en considération. »

est nièce de M. Bertin, des parties casuelles (1). Ce monsieur la destine à tenir compagnie à Mme Bertin quand elle yra à la campagne.

Mlle FILLEUL, trente ans, organiste affiliée à la maison, est aussi laide qu'elle est bête. Elle a trois sœurs toutes organistes, l'une à Sainte-Périne de Chaillot, l'autre à Bon-Secours, et la troisième au couvent de Montargis.

Mlle DE BASINCOURT, quarante ans, fille de condition de la Forest-de-Lions, près Gournay, est

---

(1) *On appelait autrefois* parties casuelles *les droits qui revenaient au Roi pour les charges de judicature ou de finance.*

une fille d'esprit, philosophe, s'occupant à des ouvrages de littérature. Elle vient de dédier à la Reine un ouvrage qui a pour titre : *Éducation des jeunes demoiselles.*

La Cour lui a accordé 150 liv. de pension. Elle sollicite une place chez Madame, fille de Monsieur le Dauphin. Elle est fort amie et très-liée avec M. de Chennevière. Cette demoiselle a été une fort jolie brune.

RELIGIEUSES ÉTRANGÈRES

ET

PENSIONNAIRES.

Mme DÈS ESSARTS, de Caen, soixante-dix ans, professe du couvent de Touci, détruit, a avec elle la sœur Saint-Maur, âgée de quarante-deux ans, converse dudit couvent de Touci.

Mme DE SAVARI, cinquante ans, sœur du grand-maître des eaux et forest de Roüen, ursuline de la ville de Roüen. Mme la comtesse d'Imbeck la vient voir souvent.

Mme DE PALUO, soixante ans, des Petites-Cordelières de la rue de Grenelle, demeure avec sa nièce, Mme la comtesse d'Érigny, âgée de cinquante ans, et est affiliée depuis cinq années à Longchamp.

Mme LETELLIER, soixante-douze ans, cordelière de la rue de Grenelle, demeure à Longchamp depuis vingt-six années.

Sœur CHARLOTTE, bernardine, venue de Panthemont depuis trois ans, vieille et infirme.

Mme DE MONTBEL, trente-trois ans, bernardine, nièce de M. l'évêque de Soissons ; depuis trois mois seulement à Longchamp.

Mme CHAUMONT, trente-deux ans, bernardine de l'abbaïe de Saint-Antoine, est fort jolie et fort mignonne. Elle est à Longchamp depuis douze jours. Ses parents sont des marchands de toile fort riches.

RELIGIEUSES DE LONGCHAMP

QUI ONT DES INTRIGUES.

Mmes DE BEDELLES, deux sœurs, quarante et vingt-cinq ans, filles du sieur Bedelles, jadis teinturier des Gobelins. Elles ont, dit-on, continuellement à leurs trousses des jeunes gens.

On raconte de l'aînée un fait assez plaisant. Elle a pour amant le nommé Julien, maçon, demeurant à Suresnes. Son prédécesseur immédiat étoit le sieur Signi, commis de M. de Boulogne, receveur-général des finances. Ce Signi étoit ami de Julien ; il désiroit ardemment de pouvoir pénétrer dans le couvent; pour y parvenir, ils imaginèrent le stratagème qui suit.

Signi se travestit sous la forme d'un ours et se fit museler. Julien, déguisé en bateleur, tenant son ours avec une chaîne de fer, se présenta à la porte de l'Abbaïe, et proposa de faire voir à ces dames son animal, recommandable par sa douceur et par ses tours d'adresse. La curiosité se trouva excitée ; on fait entrer dans le couvent l'ours et son maître. On les conduit au réfectoire. C'est dans ce lieu que l'ours déploïa son sçavoir et tous ses tours.

La communauté en fut charmée. Julien vanta alors la douceur de l'animal ; Mme Bedelles, l'aînée, aussitôt le caresse, se saisit de la chaîne et se hasarda de le promener par la maison et dans les dortoirs, si bien qu'enfin elle le fit entrer dans son appartement pour lui donner des bonbons. . . .
. . . .

Mᵐᵉ Bedelles, cadette, a, dit-on, pour amant un des commis des bureaux de M. le duc de Choiseul, dont elle a fait la connoissance lorsqu'elle demeuroit chez M. de Chennevière, à Versailles.

Mᵐᵉˢ BERTAULT, deux sœurs, religieuses, passent aussi pour être galantes.

Tout ce couvent est divisé en sept ou huit cotteries qui ne sont occupées qu'à se régaler et à se resjouîr.

La maison est fort endettée, et l'on commence à ne vouloir plus faire de crédit.

NOMS DES DAMES CITÉES

DANS LES

Notes secrètes de l'Abbaye de Longchamp.

Mlle Talbot.
Mlle Viou.
Mme Dauberque.
Mme de Bussi-Anrion.
Mme de Bussi-Anrion (la bru).
Mlle de Kuville.
Mlle de Boursac.
La femme de chambre Chenneval.
Mlle de Grangeneuve.
Mlle de la Chevalerie.
Mlle Aber.
Mlle Liege.
Mlle Chevalier.

M{ll e} de Beaulieu.
M{ll e} Daugon.
M{ll e} Langlois.
M{ll e} Julat.
M{ll e} Filleul.
M{ll e} de Basincourt.
Mme des Essarts.
Mme de Savari.
Mme de Paluo.
Mme Le Tellier.
Sœur Charlotte.
Mme de Montbel.
Mme de Chaumont.
Mmes de Bedelles.
Mmes Bertault.

Pour paraître prochainement

LE GÉNÉRAL

BONAPARTE

ET

MADAME F...Z

Histoire piquante d'une passion amoureuse du général Bonaparte pendant la campagne d'Égypte en 1798.

PARIS.—TYP. E. VOITELAIN ET Cⁱᵉ, R. J.-J. ROUSSEAU, 61.

www.ingramcontent.com/pod-product-compliance
Lightning Source LLC
Chambersburg PA
CBHW060722050426
4245ICB00010B/1571